3 bis 6 Jahre

Petra Bartoli

Mein tägliches Konzentrationstraining

- Wahrnehmung
- Konzentration
- Koordination
- Motorik

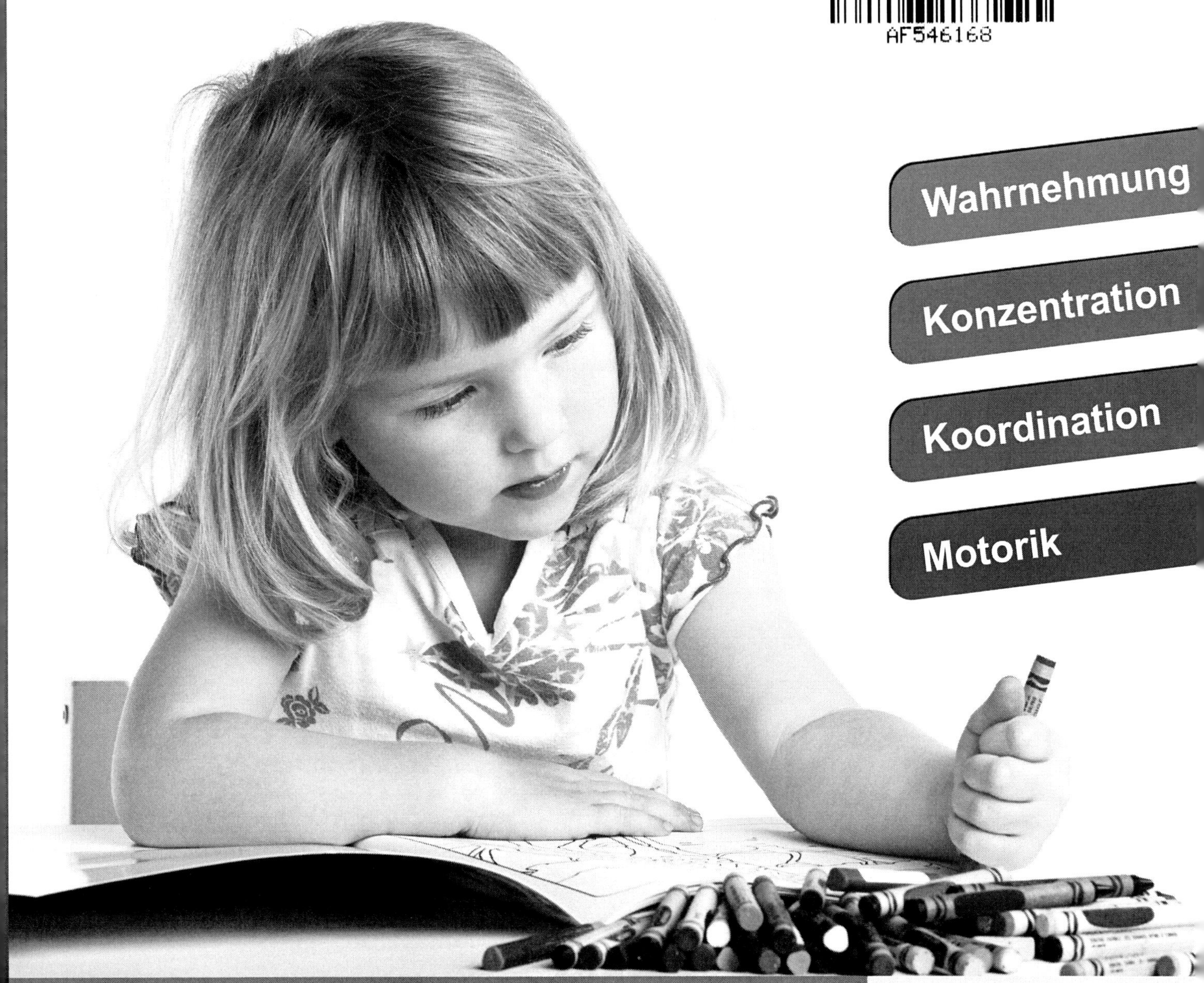

Vorbeugung, Schulung und Abbau von Defiziten

Mein tägliches Konzentrationstraining

3 bis 6 Jahre

14. Auflage 2025

Inhalt: Petra Bartoli
Coverbild: © Claudia Paulussen - AdobeStock.com
Illustrationen: © clipart.com
Redaktion: Kohl-Verlag
Grafik & Satz: Kohl-Verlag
Druck: Druckerei Flock, Köln

Bestell-Nr. 11 078

ISBN: 978-3-86632-299-8

Kontakt: Kohl-Verlag, An der Brennerei 37-45, 50170 Kerpen
Tel: +49 2275 331610, Mail: info@kohlverlag.de

Der vorliegende Band ist eine Print-Einzellizenz

Sie wollen unsere Kopiervorlagen auch digital nutzen? Kein Problem – fast das gesamte KOHL-Sortiment ist auch sofort als PDF-Download erhältlich! Wir haben verschiedene Lizenzmodelle zur Auswahl:

	Print-Version	PDF-Einzellizenz	PDF-Schullizenz	Kombipaket Print & PDF-Einzellizenz	Kombipaket Print & PDF-Schullizenz
Unbefristete Nutzung der Materialien	x	x	x	x	x
Vervielfältigung, Weitergabe und Einsatz der Materialien im eigenen Unterricht	x	x	x	x	x
Nutzung der Materialien durch alle Lehrkräfte des Kollegiums an der lizensierten Schule			x		x
Einstellen des Materials im Intranet oder Schulserver der Institution			x		x

Die erweiterten Lizenzmodelle zu diesem Titel sind jederzeit im Online-Shop unter www.kohlverlag.de erhältlich.

Inhalt

KOHL VERLAG
MEIN TÄGLICHES KONZENTRATIONSTRAINING
Bis zu 10 Minuten täglich! / 3 bis 6 Jahre – Bestell-Nr. 11 078

Inhalt

Vorwort

Liebe Erzieherinnen, liebe Erzieher, liebe Pädagogen, liebe Lehrerinnen und Lehrer,

Konzentration ist eine wichtige Voraussetzung, um Aufgaben mit Ausdauer und erfolgreich zu meistern. Darum gehört die Kompetenz der Konzentrationsfähigkeit zu einer wichtigen Voraussetzung für die Schul- und Bildungsfähigkeit der Kinder.

Konzentration ist die Fähigkeit, die gesamte Wahrnehmung, das momentane Denken und Handeln auf einen begrenzten Bereich zu bündeln und über eine bestimmte Zeit aufrecht zu erhalten. Diese Fähigkeit nimmt mit zunehmendem Alter der Kinder zu. Aber nicht bei allen Kindern ist diese Gabe gleich ausgeprägt.

Doch Konzentration kann durchaus gefördert und vertieft werden. Das unterstützt Kinder, die Schwierigkeiten haben, sich über eine längere Zeit mit etwas zu beschäftigen. Knifflige Rätsel machen aber auch Kindern Spaß, die sich gerne intensiv mit Dingen auseinandersetzen.

Im Alltag kann die Konzentrationsfähigkeit der Kinder mit einfachen Mitteln gefördert werden:

- Durch Zeit und Raum für eigene Erfahrungen und Experimente.
- Durch das Zulassen von Langeweile als Antriebsmotor für neue Ideen.
- Durch Interesse an den Aktionen der Kinder, um sie zum Fortfahren zu ermutigen.

Daneben sind bestimmte Rahmenbedingungen hilfreich, um Konzentration überhaupt erst zu ermöglichen. Kinder brauchen Spielangebote, aber keine Reizüberflutung, z.B. durch übermäßigen Fernsehkonsum. Kinder brauchen einen geregelten Tagesablauf mit ausreichend Phasen für Aktivität und Ruhe. Und Kinder benötigen Bezugspersonen, die an sie glauben und ihnen etwas zutrauen.

Mit den vorliegenden Kopiervorlagen können Sie Kinder zusätzlich unterstützen, ihre Konzentrationsfähigkeit spielerisch zu vertiefen. Die Rätsel, Übungen und Suchbilder sind für Kinder ab 4 Jahren geeignet.

Um alle Vorschläge und Anregungen sofort durchzuführen, können Sie sich eine „Zubehörkiste" anlegen. Darin sollten alle Dinge enthalten sein, die Sie zusätzlich zu den einzelnen Vorlagen benötigen. Folgende Gegenstände brauchen Sie dazu:

- Wolle
- Knöpfe
- Murmeln
- Schere
- Klebstoff
- leere Blätter
- Farbwürfel
- Tücher
- Stoppuhr
- Würfel
- leere, schwarze Filmdosen
- Füllmaterial: Reis, Sand, Kieselsteine

Die folgenden Konzentrationsübungen sind in unterschiedliche Schwerpunkte aufgeteilt. So können Sie den Kindern gezielt Förderangebote machen und auf persönliche Vorlieben und Ressourcen Rücksicht nehmen.

Viel Freude und Erfolg beim Einsatz der vorliegenden Konzentrationsübungen wünschen Ihnen der Kohl-Verlag und

Petra Bartoli

1 Gemeinsamkeits-Spiele

Die folgenden Spiele fördern die Konzentration der Kinder. Gleichzeitig können die Kinder selbst aktiv werden und in Bewegung sein. Das erleichtert besonders etwas unruhigeren Kindern, sich auf eine Aktion einzulassen. Die Spiele eignen sich für kleine Gruppen von zwei bis acht Kindern.

1. Was hat die gleiche Farbe?

<u>Das wird gebraucht</u>: Farbwürfel

Die Kinder würfeln abwechselnd mit dem Farbwürfel. Nun soll jedes Kind schnell einen Gegenstand im Gruppenraum suchen, der die Farbe hat, die gewürfelt wurde. Wer ist dabei am Schnellsten?

<u>Variante</u>: Die Kinder müssen mindestens zwei Gegenstände in der gewürfelten Farbe zum Tisch bringen und dort ablegen.

2. Was beginnt mit ... ?

Die Kinder stellen sich alle mit ihrem Namen vor und sammeln gemeinsam die Anfangsbuchstaben (Anlaut) ihrer Namen. Mit Unterstützung des Erwachsenen werden die Buchstaben auf je einen Zettel notiert. Die Buchstabensammlung kann beliebig erweitert werden.

Nun ziehen die Kinder abwechselnd einen Buchstaben. Der Erwachsene liest den Kindern den entsprechenden Anlaut vor. Alle Kinder machen sich auf den Weg durch den Gruppenraum und versuchen, so schnell wie möglich einen Gegenstand zu finden, dessen Namen mit dem selben Anlaut beginnt. (Beispiel: A – Apfel, B – Baustein usw.)

3. Das haben wir gemeinsam!

Ein Erwachsener übernimmt in der ersten Runde die Rolle des Spielleiters. Er wählt etwas Persönliches von den Kindern, z.B. Hose, Haare usw.. Nun sollen die Kinder schnell überlegen, wer in dem gewählten Bereich etwas mit ihm gemeinsam hat, z.B gleichfarbige Hose, gleiche Frisur usw.. Die beiden Kinder finden sich zu Paaren zusammen. Wer ist dabei besonders schnell? Kennen die Kinder das Spiel, kann auch eines der Kinder die Spielleiterrolle übernehmen und Bereiche zum Finden von Gemeinsamkeiten auswählen.

KOHL VERLAG Lernen mit Erfolg MEIN TÄGLICHES KONZENTRATIONSTRAINING
Bis zu 10 Minuten täglich! / 3 bis 6 Jahre – Bestell-Nr. 11 078

Kennst du das Gegenteil?

Moritz und Lena sind unterschiedlich und machen ganz unterschiedliche Dinge. Sicherlich kannst du dir denken, wie der andere der beiden jeweils ist oder was er macht. Hör gut zu und sage dann die Lösung.

Lena hört Musik gerne laut.
Moritz mag Musik lieber ____________.

Lena ist ziemlich groß.
Moritz ist ziemlich ____________.

Lena mag es, wenn es dunkel ist.
Moritz mag es in seinem Zimmer gerne ____________.

Moritz hat Hunger.
Lena ist ____________.

Moritz ist ein Junge.
Lena ist ein ____________.

Moritz läuft sehr schnell.
Lena geht lieber ____________.

Lena mag ihren Tee am liebsten kalt.
Moritz dagegen ____________.

Moritz ist heute sehr traurig.
Lena dagegen ist ____________.

Lenas Haare sind lang.
Moritz Haare sind ____________.

Moritz Schultasche ist schwer.
Lenas Tasche ist ____________.

Lenas Schuhe sind schmutzig,
aber Moritz Schuhe sind ____________.

Wenn du magst, kannst du ein Bild von Lena und Moritz auf ein Blatt malen.

Die Oben-Unten-Geschichte

In diesem Spiel ist Konzentration und Schnelligkeit gefragt. Ein Erwachsener liest den Kindern die Geschichte vor. Immer wenn etwas „oben" ist (z.B ein Vogel), zeigen die Kinder schnell mit ihrer Hand nach oben. Bei Dingen, die „unten" sind, deuten die Kinder schnell nach unten. Das Spiel macht Spaß, wenn die Kinder gemeinsam die Richtungen erkennen. Es kann aber auch als Wettspiel gespielt werden. Hier scheidet das Kind aus, das als letzter die Richtung gezeigt hat. Das Kind, das zuletzt im Spiel ist, hat gewonnen.

Es war einmal ein kleiner Vogel. Der flog hoch in die Luft. (↑)

Dort drehte er ein paar Runden. Plötzlich sah er am Boden eine Bewegung im Gras. (↓)

Er dachte sich: „Vielleicht ist das ein leckerer Wurm, der dort über die Wiese kriecht." (↓)

Dem Vogel lief das Wasser im Mund zusammen. Er flog noch etwas höher, um genügend Anlauf zu haben. (↑)

Dann drehte er einen Bogen und flog im Sturzflug auf die Wiese zu. (↓)

Kurz bevor er das Gras erreicht, flatterten seine Flügel auf und ab. (↑ und ↓)

Dann landete er vorsichtig auf der Wiese und sah sich auf dem Boden um. (↓)

Aber was war das? Auf der Wiese war gar kein Wurm. Der Vogel blinzelte. Vor ihm im Gras lag ein kleines braunes Stöckchen. (↓)

„Warum bewegt sich das Stöckchen nur?", fragte sich der Vogel. Dabei blickte er grübelnd zum Himmel. (↑)

Da kitzelte ihn etwas an den Krallen. Er sah wieder zum Boden. (↓)

Da entdeckte er ganz viele Ameisen, die das Stöckchen hoch über ihren Köpfen balancierten. (↑)

Und bevor sich der kleine Vogel überlegen konnte, ob er eine Ameise verspeisen wollte, waren die schon im Gras verschwunden. (↓)

„Schade", dachte der kleine Vogel. Und er flog mit knurrendem Magen wieder hoch in die Luft. (↑)

KOHL VERLAG Lernen mit Erfolg
MEIN TÄGLICHES KONZENTRATIONSTRAINING
Bis zu 10 Minuten täglich! / 3 bis 6 Jahre – Bestell-Nr. 11 078

1 Gemeinsamkeits-Spiele

Was braucht man wann?

Hier siehst du verschiedene Dinge. Manche davon braucht man im Sommer, manche kann man im Winter gut gebrauchen. Finde heraus, was zu welcher Jahreszeit gehört. Kreise ein:

➔ Dinge, die man im Sommer braucht, **rot**. 

➔ Dinge, die man im Winter braucht, **blau**. 

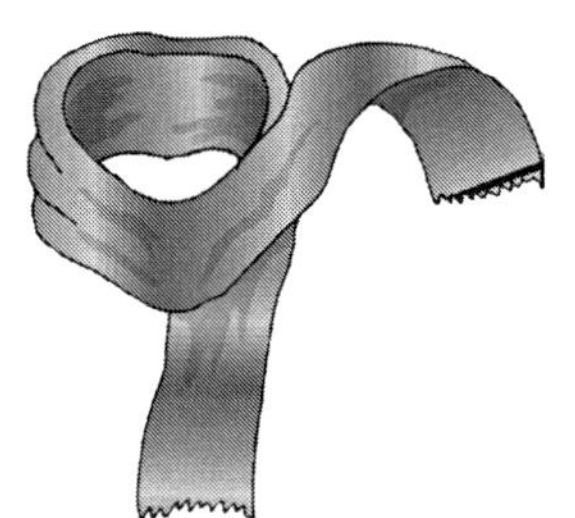

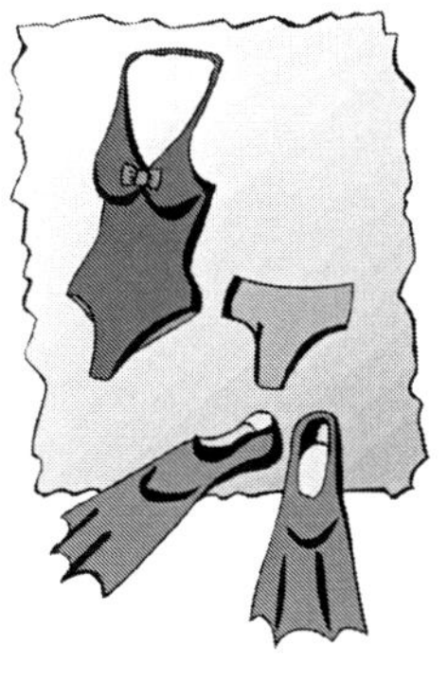

KOHL VERLAG MEIN TÄGLICHES KONZENTRATIONSTRAINING Bis zu 10 Minuten täglich! / 3 bis 6 Jahre – Bestell-Nr. 11 078

Was brauchst du am Tag – was in der Nacht?

Hier siehst du verschiedene Dinge. Manche davon braucht man am Tag, manche kann man nachts gebrauchen. Finde heraus, was zu welcher Tageszeit gehört. Kreise ein:

➔ Dinge, die man am Tag braucht: mit **gelb**. 

➔ Dinge, die man in der Nacht braucht: mit **grün**. 

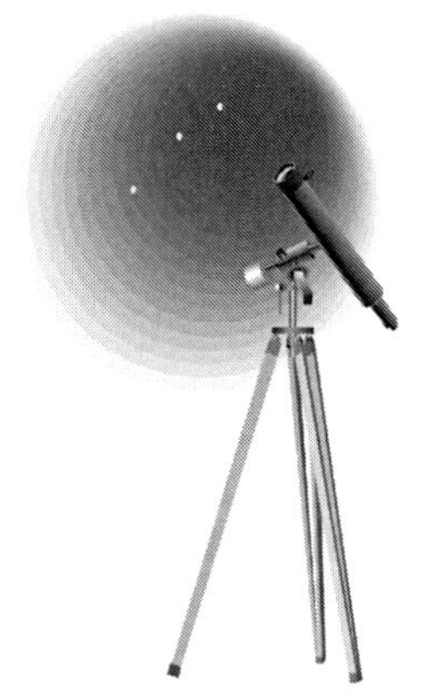

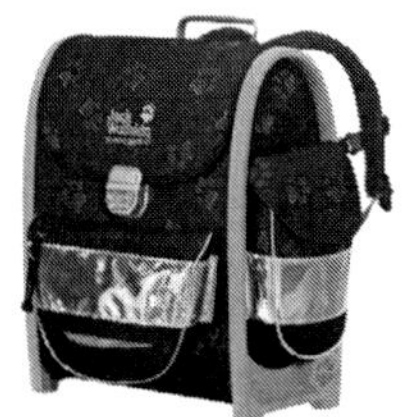

KOHL VERLAG
MEIN TÄGLICHES KONZENTRATIONSTRAINING
Bis zu 10 Minuten täglich! / 3 bis 6 Jahre – Bestell-Nr. 11 078

1 Gemeinsamkeits-Spiele

Wer ist anders?

Hier siehst du Reihen mit gleichen Dingen. Eines davon ist aber immer ein bisschen anders als die anderen. Kannst du erkennen, was nicht zu den anderen passt? Kreise es ein.

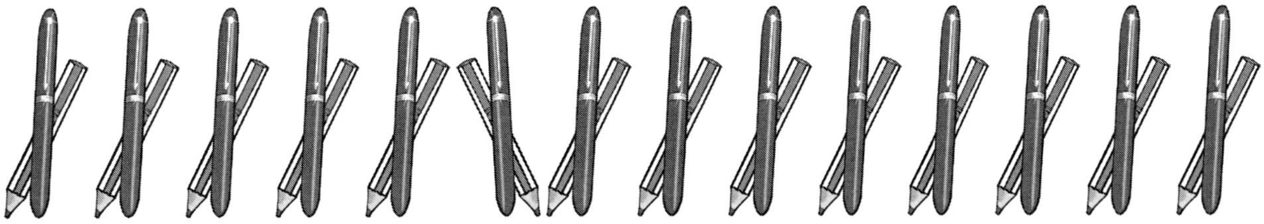

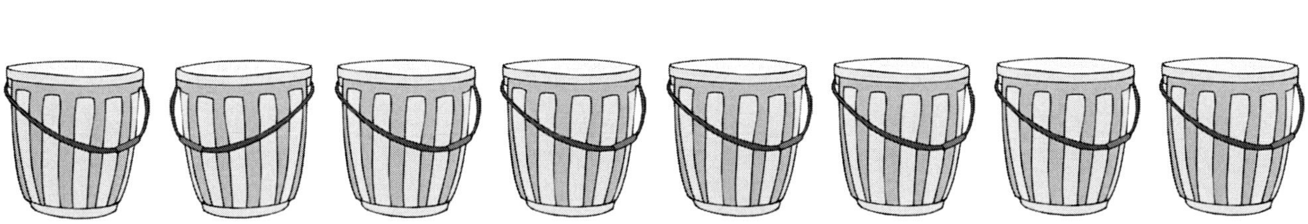

KOHL VERLAG MEIN TÄGLICHES KONZENTRATIONSTRAINING Bis zu 10 Minuten täglich! / 3 bis 6 Jahre – Bestell-Nr. 11 078

Was gehört nicht dazu?

Hier siehst du Reihen mit Dingen oder Tieren, die zusammengehören. In jede Reihe hat sich etwas versteckt, das gar nicht dazugehört. Kannst du es erkennen? Kreise es ein.

KOHL VERLAG
MEIN TÄGLICHES KONZENTRATIONSTRAINING
Bis zu 10 Minuten täglich! / 3 bis 6 Jahre – Bestell-Nr. 11 078

1 Gemeinsamkeits-Spiele

Was gehört zusammen?

Hier siehst du viele verschiedene Bilder. Immer zwei davon gehören zusammen. Kannst du erkennen, was zusammengehört? Verbinde die beiden Bilder mit einem Strich.

KOHL VERLAG
MEIN TÄGLICHES KONZENTRATIONSTRAINING
Bis zu 10 Minuten täglich! / 3 bis 6 Jahre – Bestell-Nr. 11 078

Alle Blumen sind heute rot

Hier kannst du verschiedene Pflanzen, Tiere und Gegenstände erkennen.
Nimm deine Buntstifte und mache dich auf die Suche.

➔ Male alle Blumen **rot** an. 

➔ Male alle Fahrzeuge **blau** an.  

➔ Male alle Schmetterlinge **gelb** an. 

KOHL VERLAG MEIN TÄGLICHES KONZENTRATIONSTRAINING Bis zu 10 Minuten täglich! / 3 bis 6 Jahre – Bestell-Nr. 11 078

1 Gemeinsamkeits-Spiele

Was passt hier noch dazu?

In jeder Reihe findest du verschiedene Bilder, die alle zusammengehören.
Zeichne in das freie Kästchen selbst noch ein Bild, das in die Reihe passt.

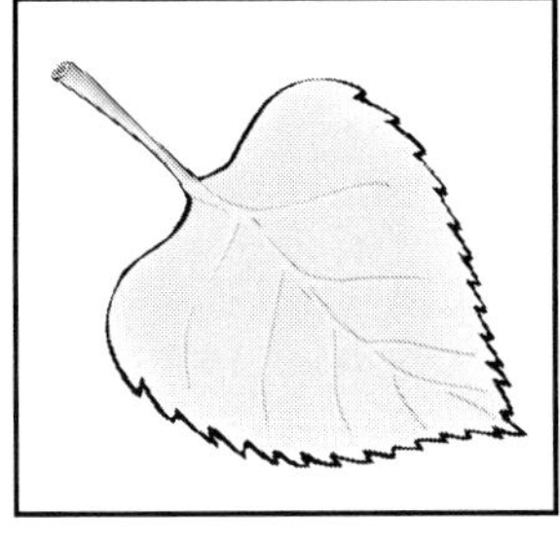
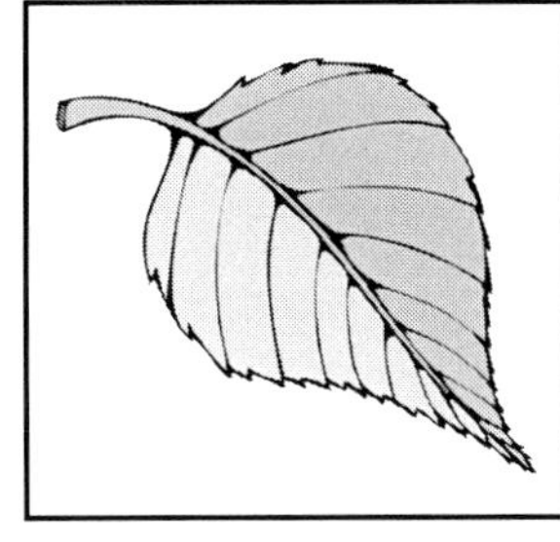
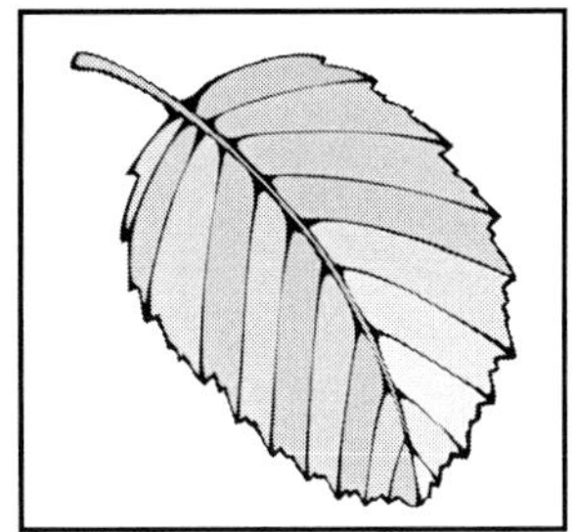

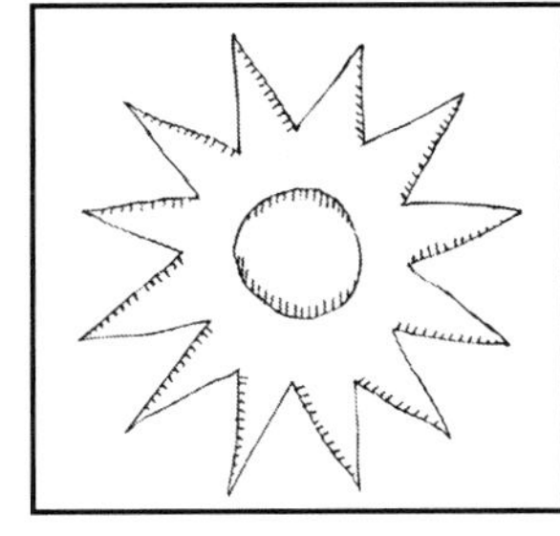

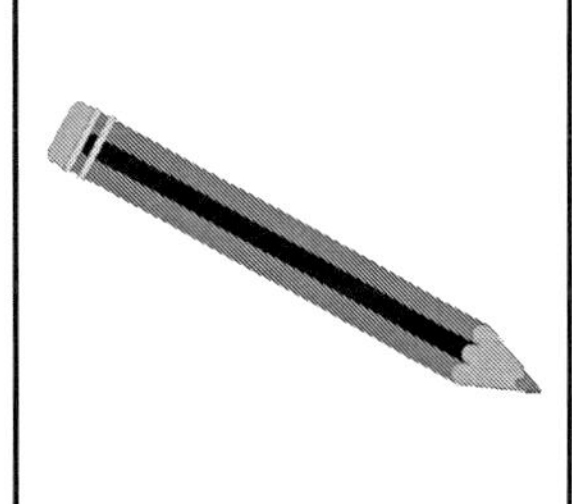

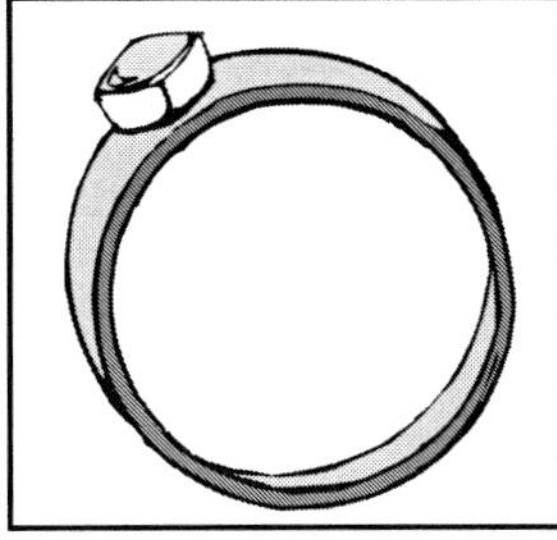
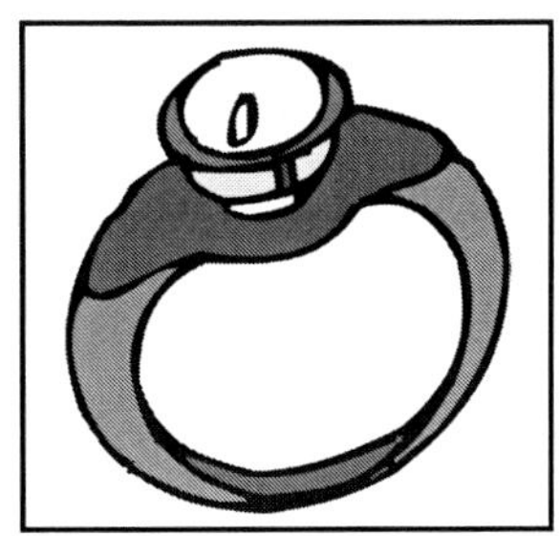

KOHL VERLAG MEIN TÄGLICHES KONZENTRATIONSTRAINING Bis zu 10 Minuten täglich! / 3 bis 6 Jahre – Bestell-Nr. 11 078

Wer frisst was?

Hier siehst du Tiere und ihre Nahrung. Wer frisst was?
Verbinde die Tiere und ihr Futter miteinander.

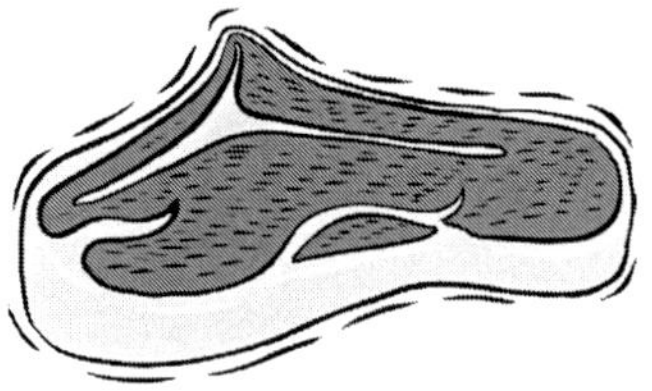

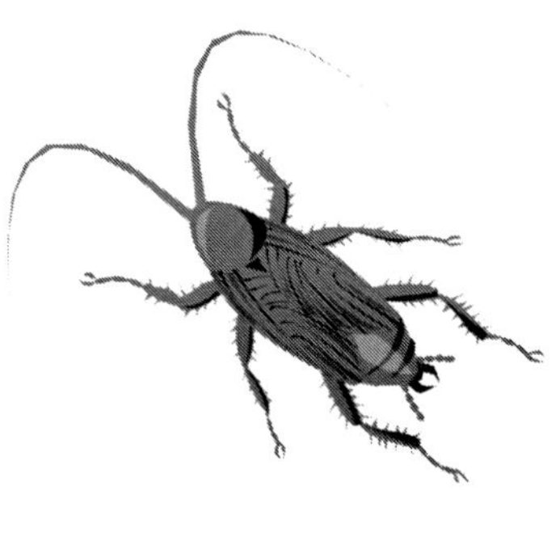

KOHL VERLAG MEIN TÄGLICHES KONZENTRATIONSTRAINING Bis zu 10 Minuten täglich! / 3 bis 6 Jahre – Bestell-Nr. 11 078

2 Konzentration und Motorik

Für gezielte Bewegungen brauchen Kinder ein hohes Maß an Konzentration. Besonders für motorische Übungen, in denen Genauigkeit und Gleichgewicht gefragt sind. Folgende Spiele fördern die Konzentration durch Bewegung. Die Spiele sind für kleine Gruppen von zwei bis acht Kindern geeignet.

Das wird gebraucht:
- Dinge für den Hindernisparcour
- Seil
- Langbank

1. Spiegelbild

Die Kinder finden sich paarweise zusammen. Ein Kind ist in der ersten Runde der „Vormacher", das andere Kind ist der Spiegel. Nun führt eines der Kinder eine besonders schwierige Bewegung vor, z.B. auf einem Bein stehen und sich dabei mit einer Hand an die Nase fassen. Das andere Kind versucht, diese Bewegung genau nachzuahmen.

2. Hindernisse überwinden

Gemeinsam wird im Bewegungsraum ein Hindernisparcour aufgebaut. Dazu eigenen sich Krabbeltunnel, Schaumstoffbausteine, Langbank, Kästen und Matten. Alle Hindernisse werden zudem mit Matten gesichert, um Unfälle zu vermeiden. Nun sucht sich jedes Kind einen Partner. Die Kinder stellen sich nebeneinander. Die zwei Beine der Kinder, die nebeneinanderstehen, werden mit einem Tuch zusammengebunden. Gemeinsam müssen die beiden Kinder nun, miteinander verbunden, die Hindernisse überwinden.

3. Seiltänzer

Für dieses Balancespiel braucht man verschiedene Schwierigkeitsstufen. Zuerst üben die Kinder das Balancieren auf einem Seil, das am Boden liegt. Können die Kinder ohne Schwierigkeiten darüber laufen, geht es zur nächst schwierigeren Übung: Die Kinder balancieren über eine Langbank. Ist die breite Seite der Bank geschafft, wird die Bank umgedreht. Nun balancieren die Kinder über den schmalen Steg der Bank.

Als besondere Schwierigkeitsstufe für mutige Seiltänzer kann man die Langbank auch an einer Seite in einer Sprossenwand oder in einen Kasten einhängen. Nun ist eine schiefe Ebene entstanden. Wer schafft es, diese hoch zu balancieren?

KOHL VERLAG MEIN TÄGLICHES KONZENTRATIONSTRAINING Bis zu 10 Minuten täglich! / 3 bis 6 Jahre – Bestell-Nr. 11 078

Spiele mit Wolle

Feinmotorische Übungen erfordern von Kindern ein großes Maß an Konzentration. Folgende Spiele machen Spaß und vertiefen die Konzentrationsfähigkeit. Das erste Spiel ist für Paare gedacht, die anderen Spiele können von einem Kind alleine gespielt werden.

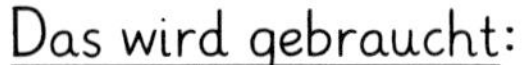

Das wird gebraucht:
- Wollfaden in den jeweiligen Längen
- Knopf

1. Fädelfieber

Bei diesem Spiel für zwei Kinder erhält jedes Kind einen ca. 1 m langen Wollfaden. Nun spreizen beide Kinder die Finger einer Hand. Ein Kind fängt an, den Wollfaden beliebig durch seine Finger durchzufädeln. Das andere Kind versucht, den Weg nachzufädeln. Am Ende lösen beide Kinder die Wolle vorsichtig von ihren Fingern. Ist bei beiden Kinder das gleiche Wollmuster entstanden?

2. Nachgelegt

Ein Kind benötigt für das Spiel einen ca. 30 cm langen Wollfaden. Nun versucht es, mit der Wolle die unten abgebildeten Figuren nachzulegen. Hilfreich ist es, wenn das Kind die Wolle direkt auf die Figur legt.

3. Pendelspiel

Ein Kind befestigt einen Knopf an einem ca. 30 cm lagen Wollfaden. Es hält den Faden so, dass der Knopf nach unten hängt. Es entsteht ein Pendel. Damit versucht das Kind die unten abgebildeten Figuren in der Luft nachzuzeichnen.

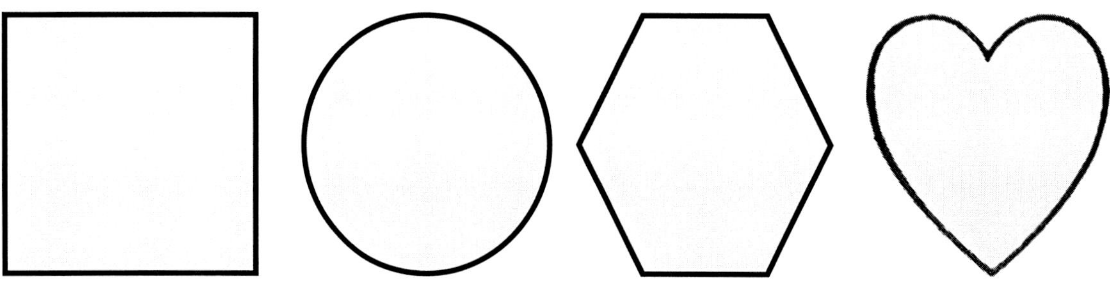

KOHL VERLAG Lernen mit Erfolg
MEIN TÄGLICHES KONZENTRATIONSTRAINING
Bis zu 10 Minuten täglich! / 3 bis 6 Jahre – Bestell-Nr. 11 078

Mach mit!

Die folgenden Karten kannst du ausschneiden. Damit könnt ihr gemeinsam mit 3 oder 4 Kindern spielen.

Und so geht es: Die Karten werden verdeckt auf dem Tisch verteilt. Ein Kind deckt eine Karte auf. Alle Kinder machen das, was auf der Karte zu sehen ist. Dann deckt das nächste Kind eine Karte auf. Könnt ihr die beiden Bewegungen gleichzeitig machen? Je mehr Karten aufgedeckt werden, um so schwieriger wird es.

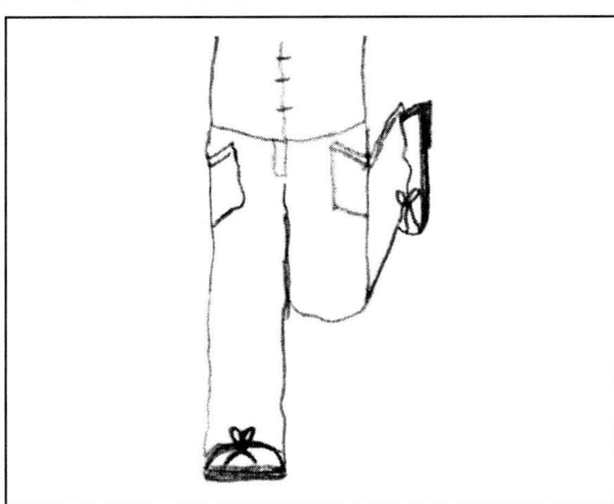

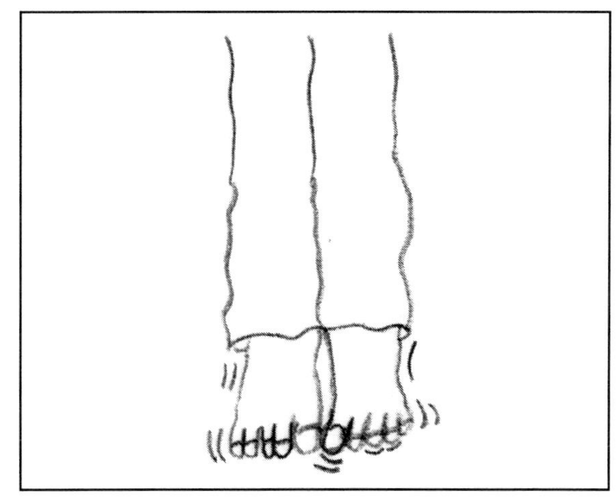

KOHL VERLAG MEIN TÄGLICHES KONZENTRATIONSTRAINING Bis zu 10 Minuten täglich! / 3 bis 6 Jahre – Bestell-Nr. 11 078

Finde den Weg aus dem Labyrinth

Mia sucht ihren Teddy. Kannst du ihr zeigen, wie sie zu ihrem Teddy kommt? Gehe den Weg mit deinem Finger durch das Labyrinth.

KOHL VERLAG MEIN TÄGLICHES KONZENTRATIONSTRAINING Bis zu 10 Minuten täglich! / 3 bis 6 Jahre – Bestell-Nr. 11 078

Balancestrecke für Murmeln

Für dieses Spiel brauchst du eine Murmel. Setze die Murmel ganz außen an den Eingang des Schneckenhauses. Versuche jetzt, die Murmel bis in die Mitte zu rollen, ohne die Wände des Schneckenhauses zu berühren.

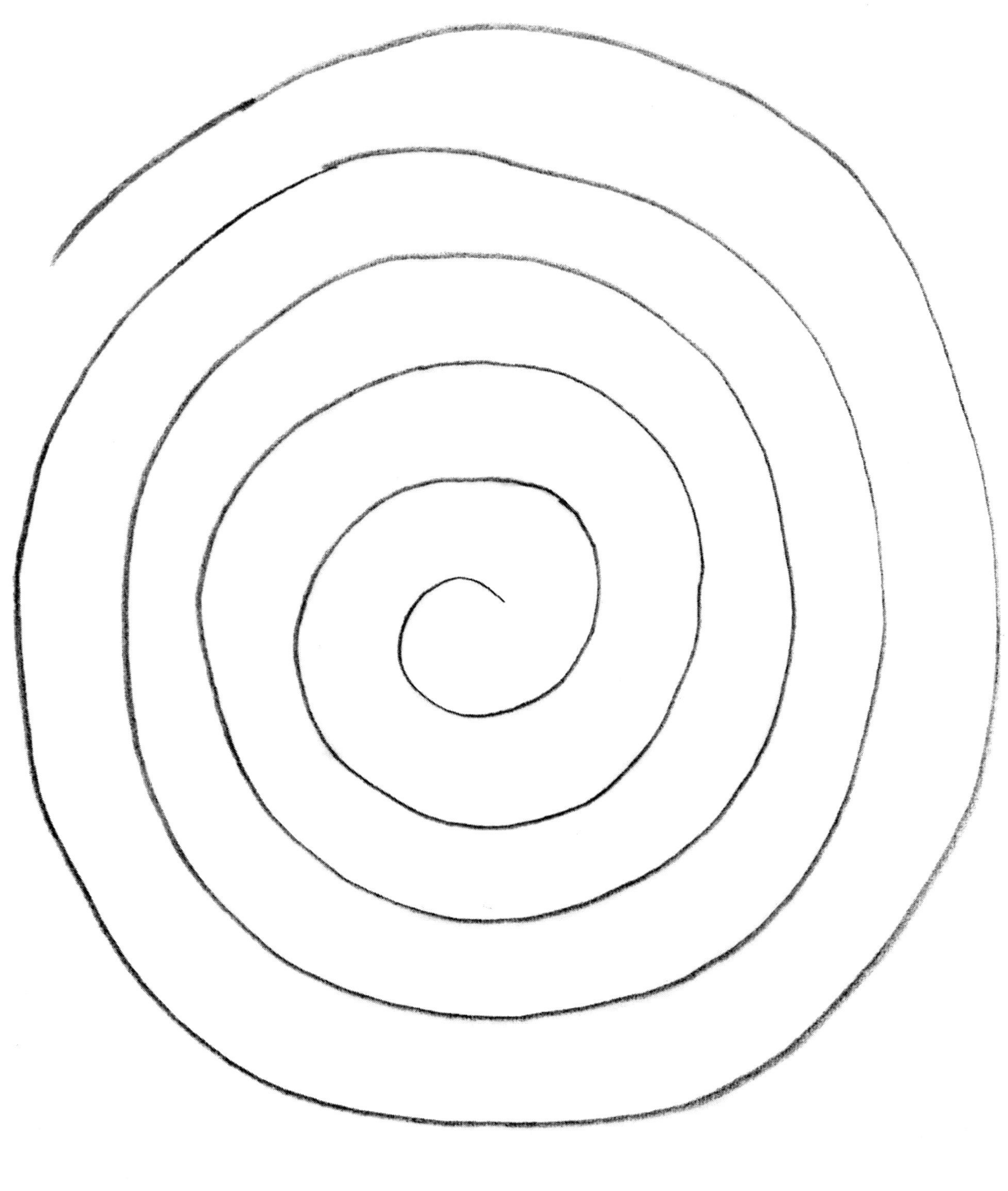

KOHL VERLAG MEIN TÄGLICHES KONZENTRATIONSTRAINING Bis zu 10 Minuten täglich! / 3 bis 6 Jahre – Bestell-Nr. 11 078

Zehen-Murmel-Rallye

Für dieses Spiel brauchst du eine Murmel. Lege das Blatt auf den Boden. Setze die Murmel ganz außen an den Eingang des Schneckenhauses. Ziehe dann deine Schuhe und Socken aus. Versuche jetzt, die Murmel bis in die Mitte mit deinen Zehen zu rollen, ohne die Wände des Schneckenhauses zu berühren.

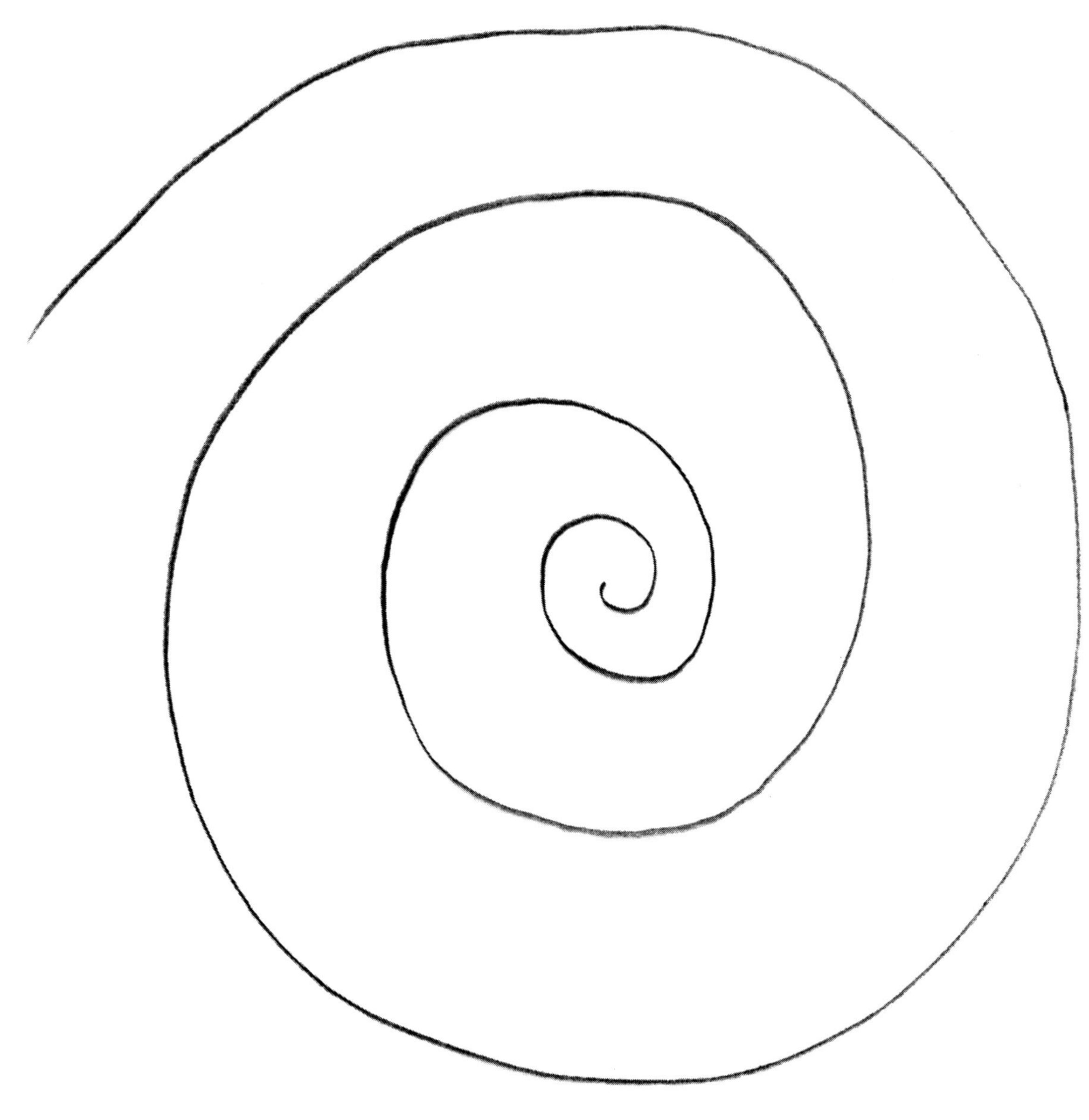

KOHL VERLAG Lernen mit Erfolg
MEIN TÄGLICHES KONZENTRATIONSTRAINING
Bis zu 10 Minuten täglich! / 3 bis 6 Jahre – Bestell-Nr. 11 078

Was das wohl wird?

Da wurde was vergessen! Stell dir vor, der Strich ist ein Spiegel. Male die Striche und Linien auf der anderen Seite des Striches so weiter, wie du es in einem Spiegel sehen würdest. Was entsteht dann?

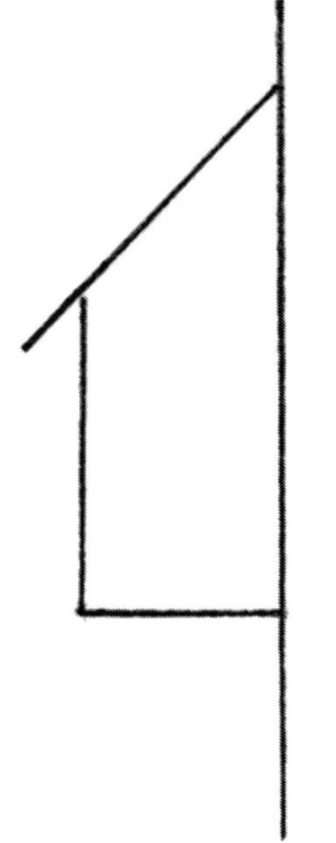

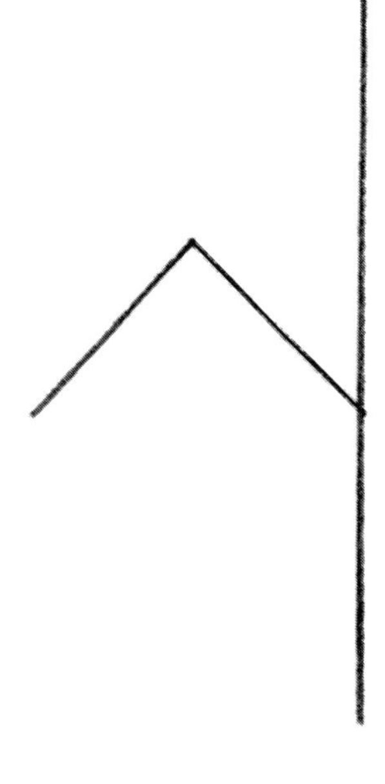

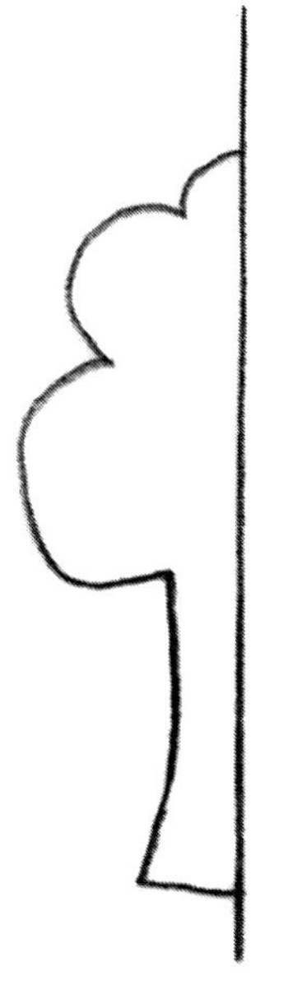

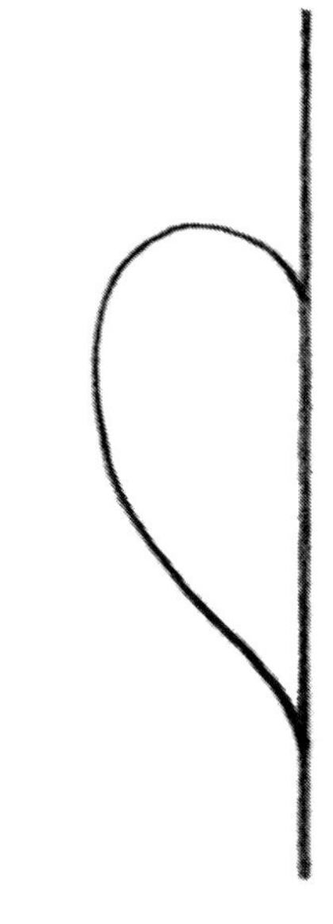

KOHL VERLAG MEIN TÄGLICHES KONZENTRATIONSTRAINING Bis zu 10 Minuten täglich! / 3 bis 6 Jahre – Bestell-Nr. 11 078

Finde die Kühe

Auf der Schafweide haben sich einige Kühe versteckt. Findest du sie?
Kreise sie ein. Kannst du zählen, wie viele Kühe es sind?

KOHL VERLAG MEIN TÄGLICHES KONZENTRATIONSTRAINING
Bis zu 10 Minuten täglich! / 3 bis 6 Jahre – Bestell-Nr. 11 078

Finde 5 Fehler

Vergleiche die beiden Bilder. Im unteren Bild haben sich 5 Fehler eingeschlichen. Kannst du sie finden? Kreise die Fehler ein.

KOHL VERLAG MEIN TÄGLICHES KONZENTRATIONSTRAINING Bis zu 10 Minuten täglich! / 3 bis 6 Jahre – Bestell-Nr. 11 078

Streifenbild

Das Bild ist durcheinandergeraten. Schneide die Streifen aus, setze sie richtig zusammen und klebe das richtige Bild auf ein Blatt. Wenn du magst, kannst du es ausmalen.

KOHL VERLAG Lernen mit Erfolg
MEIN TÄGLICHES KONZENTRATIONSTRAINING
Bis zu 10 Minuten täglich! / 3 bis 6 Jahre – Bestell-Nr. 11 078

3 Muster finden und Rätsel lösen

Sachensucher

Gehe auf Sachensuche. Im Bild unten kannst du Vielerlei entdecken.
Nimm dir die Farben rot, grün, blau und braun. Male folgende Dinge an:

- ➔ Den Knochen **braun**.
- ➔ Den Reifen **rot**.
- ➔ Die Schuhe **blau**.
- ➔ Das Halsband **grün**.

Natürlich darfst du auch das restliche Bild anmalen.

KOHL VERLAG MEIN TÄGLICHES KONZENTRATIONSTRAINING Bis zu 10 Minuten täglich! / 3 bis 6 Jahre – Bestell-Nr. 11 078

Wer braucht was?

Hier siehst du Menschen, die verschiedene Berufe haben. Wer braucht für seine Tätigkeit was? Verbinde die Personen mit den richtigen Gegenständen.

KOHL VERLAG Lernen mit Erfolg
MEIN TÄGLICHES KONZENTRATIONSTRAINING
Bis zu 10 Minuten täglich! / 3 bis 6 Jahre – Bestell-Nr. 11 078

3 Muster finden und Rätsel lösen

Wem gehört was?

Diese drei Kinder haben neues Spielzeug bekommen. Zeichne die Linien mit verschiedenen Farben nach. So erfährst du, wer was bekommen hat.

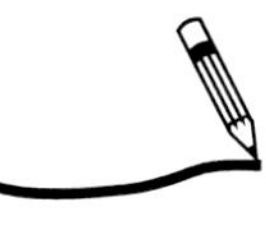

KOHL VERLAG MEIN TÄGLICHES KONZENTRATIONSTRAINING Bis zu 10 Minuten täglich! / 3 bis 6 Jahre – Bestell-Nr. 11 078

Male fertig

Bei den Bildern unten fehlt etwas. Kannst du die Bilder fertigmalen?

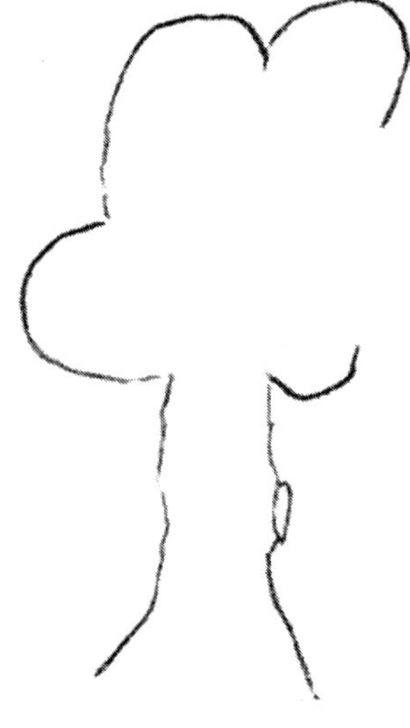

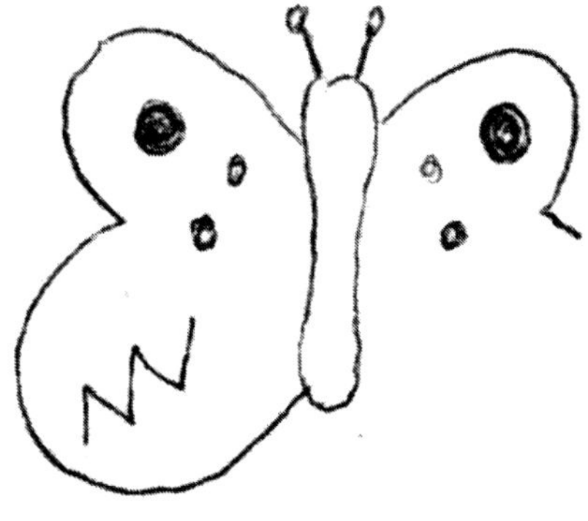

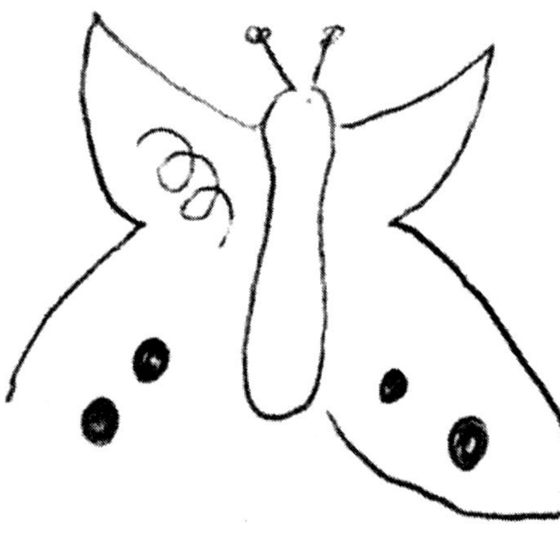

KOHL VERLAG MEIN TÄGLICHES KONZENTRATIONSTRAINING Bis zu 10 Minuten täglich! / 3 bis 6 Jahre – Bestell-Nr. 11 078

Gleiche verbinden

Auf der Wiese haben sich viele Tiere versammelt. Zwei davon sind immer gleich. Entdeckst du sie? Verbinde die Paare miteinander.

Lernen mit Erfolg KOHL VERLAG
MEIN TÄGLICHES KONZENTRATIONSTRAINING
Bis zu 10 Minuten täglich! / 3 bis 6 Jahre – Bestell-Nr. 11 078

Finde die Musterreihe

In den Reihen unten findest du Figuren. Kannst du die Reihen fertigmalen? Was gehört in das letzte Kästchen?

1.

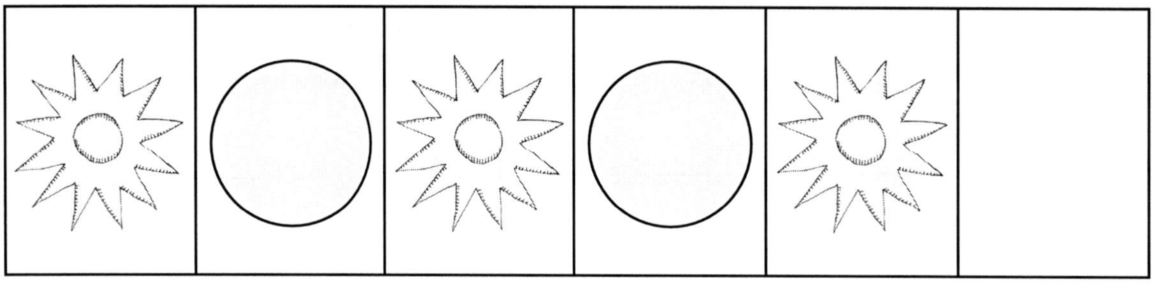

2.

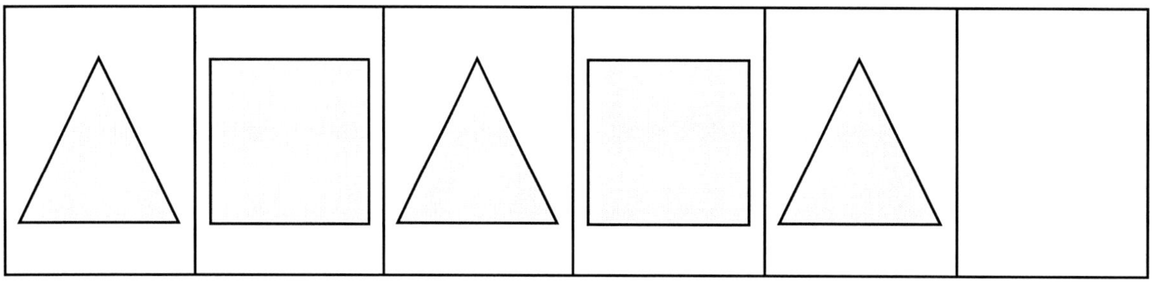

3.

4.

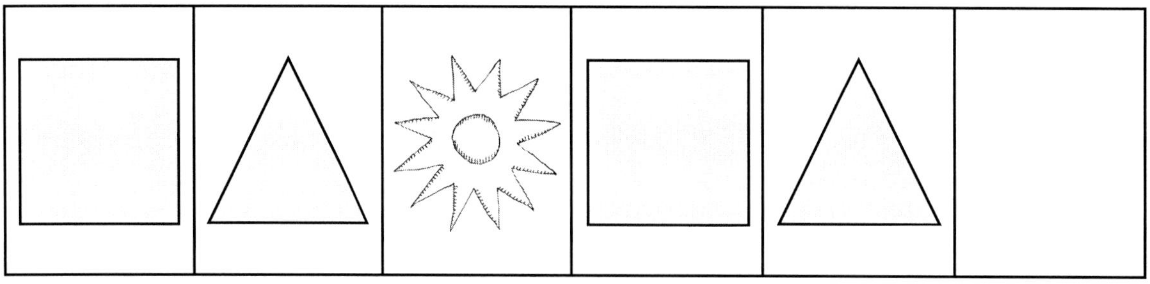

5.

KOHL VERLAG MEIN TÄGLICHES KONZENTRATIONSTRAINING Bis zu 10 Minuten täglich! / 3 bis 6 Jahre – Bestell-Nr. 11 078

3 Muster finden und Rätsel lösen

Was kann das sein?

In dem Bild hat sich ein Tier versteckt. Male alle Felder mit einem Kreuz mit grün an. Alle anderen Felder kannst du blau anmalen. Welches Tier entdeckst du?

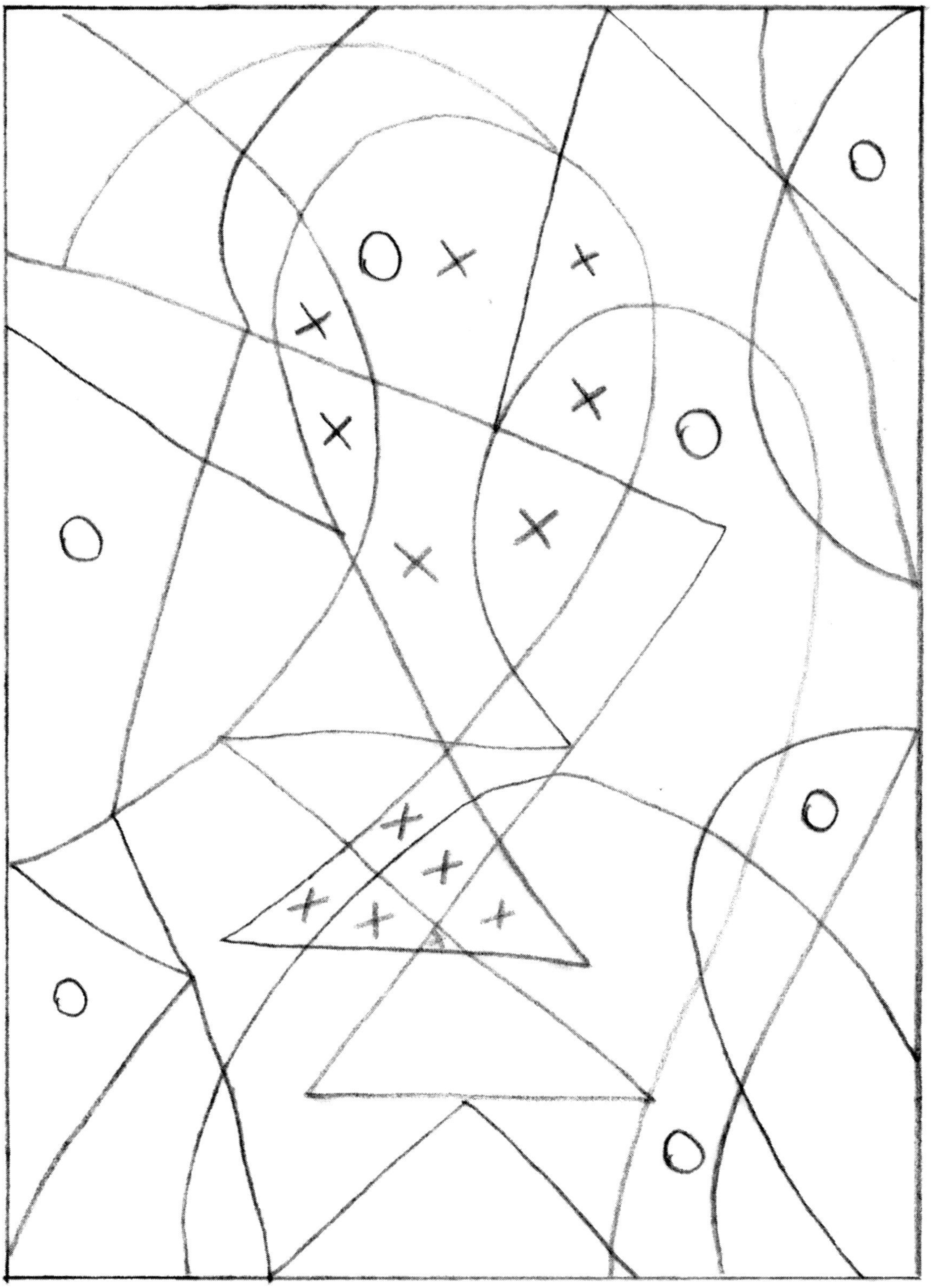

KOHL VERLAG MEIN TÄGLICHES KONZENTRATIONSTRAINING Bis zu 10 Minuten täglich! / 3 bis 6 Jahre – Bestell-Nr. 11 078

Symbole-Sudoku

Kennst du Sudoku? In jedem Feld und in jeder Reihe darf jedes Symbol nur einmal vorkommen. Kannst du die Lücken ergänzen? Zeichne dazu folgende Symbole ein:

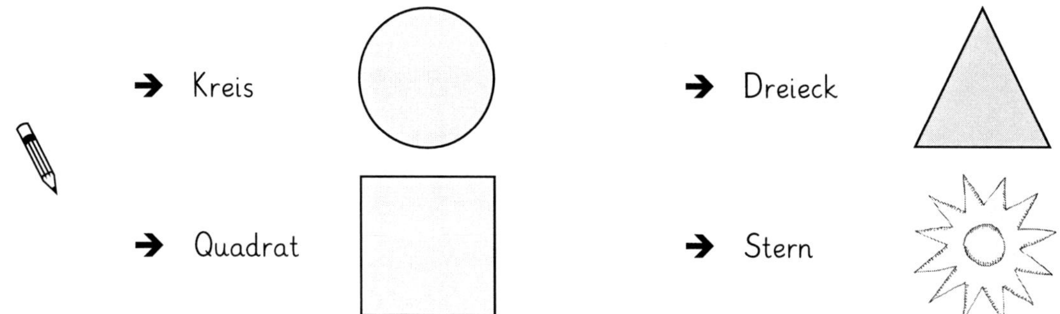

KOHL VERLAG MEIN TÄGLICHES KONZENTRATIONSTRAINING Bis zu 10 Minuten täglich! / 3 bis 6 Jahre – Bestell-Nr. 11 078

4 Farben, Zahlen und Buchstaben

Im Gruppenraum gibt es viele Dinge zu entdecken, wenn man genau sucht. Um Aufträge richtig auszuführen, benötigen Kinder Konzentration, Merkfähigkeit und Genauigkeit. Die folgenden Spiele sind für kleine Gruppen von zwei bis acht Kindern geeignet.

Das wird gebraucht:
- Würfel
- Farbwürfel
- Kiste mit Murmeln

1. Farben suchen

Die Kinder treffen sich an einem Tisch, finden sich paarweise zusammen und bilden Mannschaften. Der Erwachsene übernimmt die Rolle des Spielleiters. Er gibt vor, welche Farbe gültig ist und wie viel Zeit die Mannschaften haben. Die Zeit kann der Spielleiter mit einer Stoppuhr kontrollieren. Nun nennt der Spielleiter eine Farbe. Jede Mannschaft versucht, in der vorgegebenen Zeit, z.B. 30 Sekunden, so viele Gegenstände in der genannten Farbe wie möglich zu sammeln und an den Tisch zu bringen. Welche Mannschaft findet die meisten Dinge?

2. Viele Dinge sammeln

Die Kinder treffen sich an einem Tisch. Nacheinander darf ein Kind mit einem Farb- und einem Zahlwürfel gleichzeitig würfeln. Die anderen Kinder versuchen nun, so schnell wie möglich entsprechend viele Dinge in der gewürfelten Augenzahl und Farbe zu finden und an den Tisch zu bringen. Wer ist am schnellsten?

3. Murmelgrapscher

Die Kinder treffen sich am Tisch. In der Mitte steht eine Kiste mit Murmeln. Die Kinder würfeln reihum. Alle anderen Kinder versuchen, aus der Kiste Murmeln in der gewürfelten Anzahl herauszuholen. Wer hat die richtige Menge Murmeln in der Hand?

Würfelaugen

In den Reihen findest du immer unterschiedlich viele Früchte. Kannst du zählen, wie viele es sind? Verbinde die Anzahl in den Reihen mit dem richtigen Würfel.

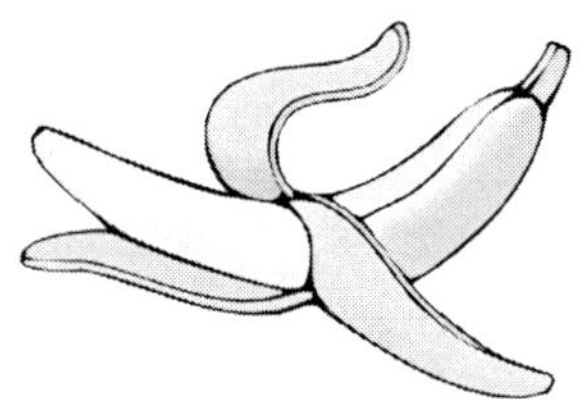

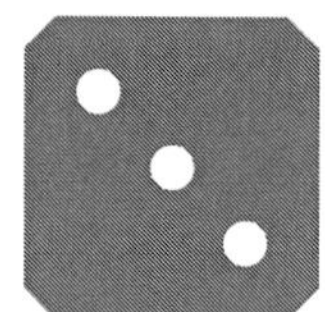

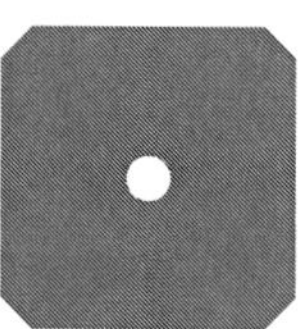

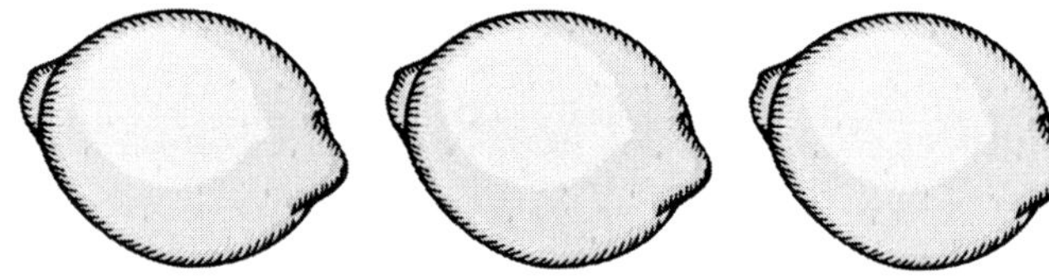

KOHL VERLAG MEIN TÄGLICHES KONZENTRATIONSTRAINING Bis zu 10 Minuten täglich! / 3 bis 6 Jahre – Bestell-Nr. 11 078

Gleiche Mengen finden

In den Kreisen findest du verschieden viele Blumen. Zwei Kreise enthalten immer gleich viele. Verbinde die beiden Kreise, die zusammengehören.

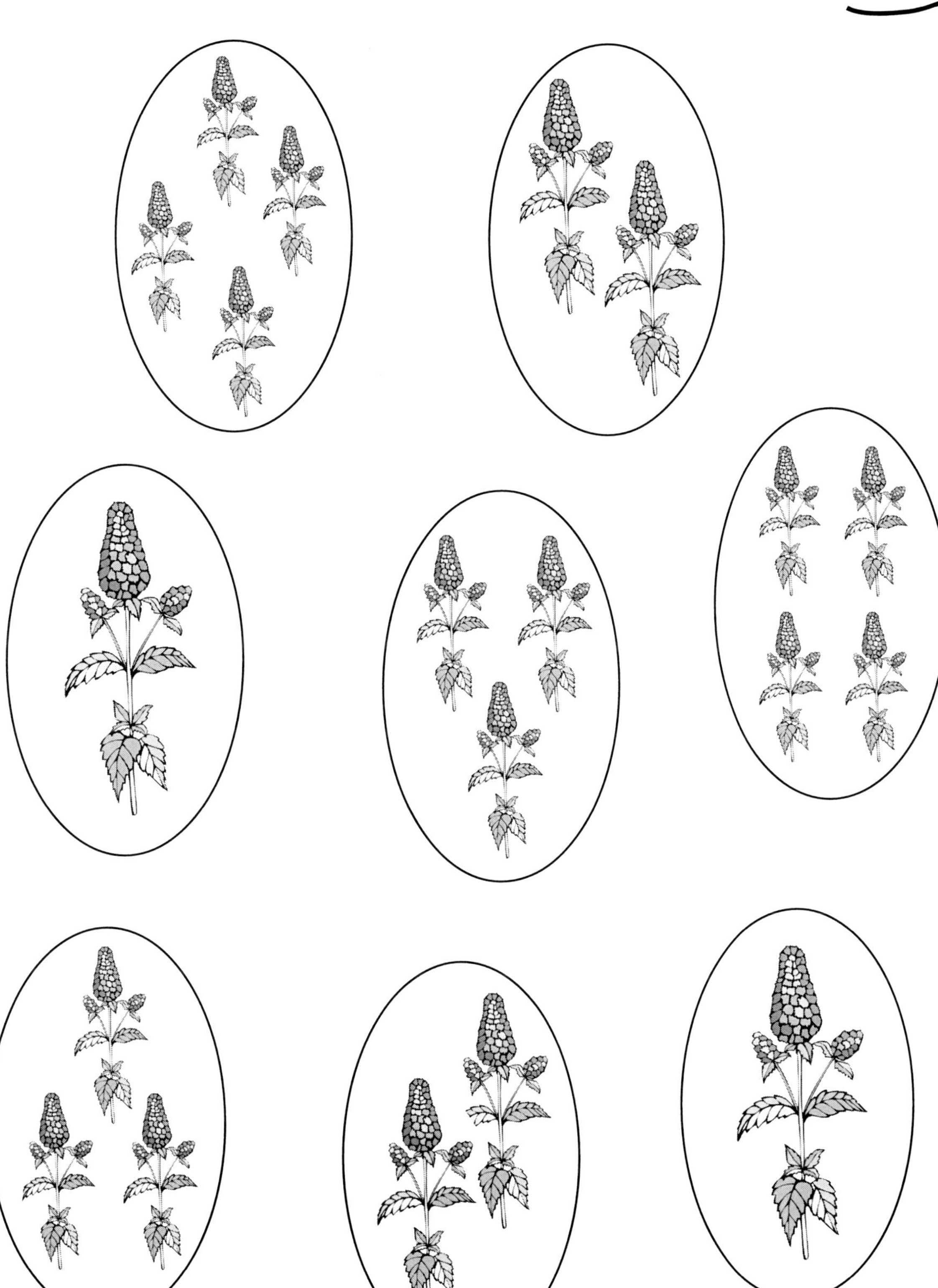

KOHL VERLAG MEIN TÄGLICHES KONZENTRATIONSTRAINING Bis zu 10 Minuten täglich! / 3 bis 6 Jahre – Bestell-Nr. 11 078

Farbige Buchstaben

Kennst du diese Buchstaben? Weißt du, wie sie klingen, wenn man sie ausspricht? Auf dem Blatt findest du auch unterschiedliche Tiere. Kennst du ihre Namen? Welcher Tiernamen beginnt mit welchem Laut? Male das Tier und den passenden Buchstaben mit der gleichen Farbe an.

KOHL VERLAG
MEIN TÄGLICHES KONZENTRATIONSTRAINING
Bis zu 10 Minuten täglich! / 3 bis 6 Jahre – Bestell-Nr. 11 078

Obst und Gemüse

Hier findest du verschiedenes Obst und Gemüse. Zwei davon beginnen immer mit dem gleichen Laut. Verbinde die Paare.

KOHL VERLAG
MEIN TÄGLICHES KONZENTRATIONSTRAINING
Bis zu 10 Minuten täglich! / 3 bis 6 Jahre – Bestell-Nr. 11 078

5 Konzentration und akustische Wahrnehmung

Geräuschspiele

Genaues Hinhören erfordert ein hohes Maß an Aufmerksamkeit und Konzentration. Diese Geräuschspiele sind mit wenig Aufwand durchzuführen und fördern spielerisch die akustische Wahrnehmung und die Ausdauer beim Hinhören. Die Spiele sind geeignet für eine Kleingruppe von vier bis acht Kindern.

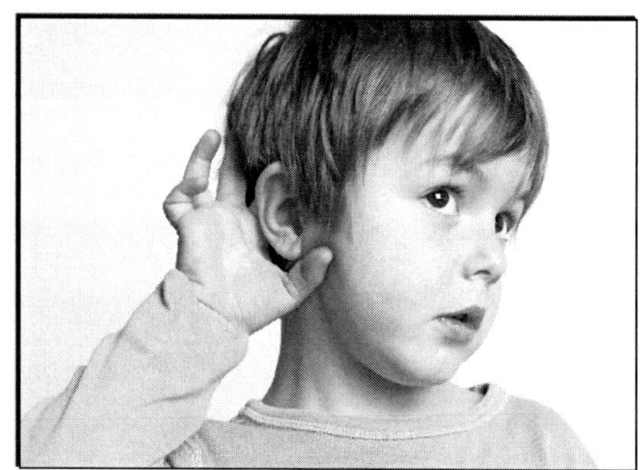

Das wird gebraucht:
- leere, schwarze Filmdosen
- Füllmaterial (z.B. Reis, Sand, kleine Kieselsteine)
- Tuch

1. Geräuschmemory

Die Kinder befüllen immer zwei Filmdosen mit der gleichen Menge an identischem Füllmaterial. Zwei Dosen bleiben leer. Der Deckel der Filmdosen wird fest verschlossen. Am besten bestreicht man den Deckel mit etwas Klebstoff, damit er nicht durch späteres Schütteln aufgehen kann.

Nun können die Kinder mit den Geräuschdosen Memory spielen: Die Dosen werden gemischt und auf einem Tisch verteilt. Die Kinder versuchen durch Schütteln von zwei Dosen Paare zu finden, die gleich klingen. Wer am Schluss am meisten Paare hat, hat gewonnen.

2. Richtung raten

Die Kinder treffen sich im Kreis. Ein Kind steht in der Mitte. Ihm werden die Augen mit einem Tuch verbunden. Nun wird durch Handzeichen ohne Worte festgelegt, welches Kind im Kreis ein Geräusch machen darf. Dazu kann z.B. eine Geräuschdose aus dem Memory-Spiel verwendet werden.

Während nun ein Kind ein Geräusch macht, muss das Kind in der Mitte die Richtung anzeigen, woher das Geräusch gekommen ist. Liegt es richtig, klatschen alle Kinder. Das Kind in der Mitte wählt ein neues Kind aus, das in der nächsten Runde die Richtung des Geräusches erkennen soll.

5 Konzentration und akustische Wahrnehmung

Tiergeräusche

Schneide die Tierkarten aus und verteile sie auf einem Tisch. Triff dich mit zwei Freunden. Einer von euch macht die Geräusche nacheinander vor, das die Tiere machen. Die anderen beiden müssen sich schnell die richtige Tierkarte dazu schnappen. Gewonnen hat derjenige, der am Ende die meisten Tierkarten ergattert hat.

KOHL VERLAG
MEIN TÄGLICHES KONZENTRATIONSTRAINING
Bis zu 10 Minuten täglich! / 3 bis 6 Jahre – Bestell-Nr. 11 078

Reimwörter finden

Immer zwei Bilder gehören zusammen. Sprich die Namen der Gegenstände, die du siehst, laut vor. Welche beiden Namen reimen sich? Verbinde die richtigen Paare miteinander.

KOHL VERLAG MEIN TÄGLICHES KONZENTRATIONSTRAINING Bis zu 10 Minuten täglich! / 3 bis 6 Jahre – Bestell-Nr. 11 078

5 Konzentration und akustische Wahrnehmung

Was stimmt hier nicht?

Hier stimmt etwas nicht! Hör genau zu. Kannst du den Fehler erkennen?
Wie müsste es richtig heißen?

1. Elias liegt in seinem Bett. Es ist Nacht. Draußen ist es sehr **hell**.

2. Er hat sich mit einer dicken Decke zugedeckt. Das ist gemütlich. In seinem Bett ist es schön **kalt**.

3. Plötzlich erschrickt er. Etwas hat geknarrt. Das Geräusch findet er sehr **schön**.

4. Er zieht seine Decke bis zur Nase hoch. Da geht die Türe auf. Elias blinzelt mit seinen **Ohren**.

5. Da sieht er, dass ein Schatten auf den Boden fällt. Der ist groß und **grün**.

6. Der Schatten wird größer. Auf einmal steht eine Gestalt neben Elias **Schule**.

7. „Du schläfst ja noch gar nicht", sagt eine Stimme. Die kennt Elias gut. Es ist Papa, der neben seinem Bett steht. Jetzt ist Elias beruhigt. Er fühlt sich **ängstlich**.

8. Papa **kratzt** Elias über den Kopf.

9. „**Guten Morgen** und schlaf gut!", sagt er.

10. Elias kuschelt sich wieder in sein **Plantschbecken** und gähnt.

11. Papa gibt Elias noch einen Kuss. Dann dreht sich Elias um. Und schon ist er **aufgewacht**.

KOHL VERLAG MEIN TÄGLICHES KONZENTRATIONSTRAINING Bis zu 10 Minuten täglich! / 3 bis 6 Jahre – Bestell-Nr. 11 078

6 Die Lösungen

Seite 7 : laut – leise; groß – klein; dunkel – hell; Hunger – satt; Junge – Mädchen; schnell – langsam; kalt – warm; schwer – leicht; schmutzig – sauber

Seite 9 : Rot:

Blau:

Seite 10 : Gelb:

Grün:

Seite 11 :

Seite 12 :

Seite 13 : Zusammengehörende Paare:

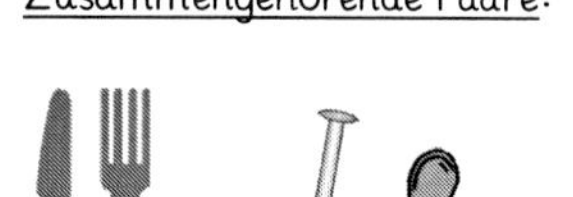

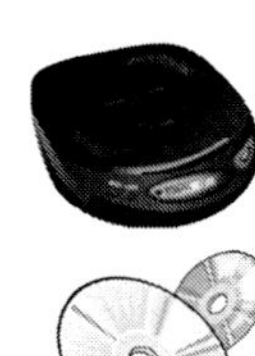

KOHL VERLAG
MEIN TÄGLICHES KONZENTRATIONSTRAINING
Bis zu 10 Minuten täglich! / 3 bis 6 Jahre – Bestell-Nr. 11 078

6 Die Lösungen

Seite 14 :

Rot:

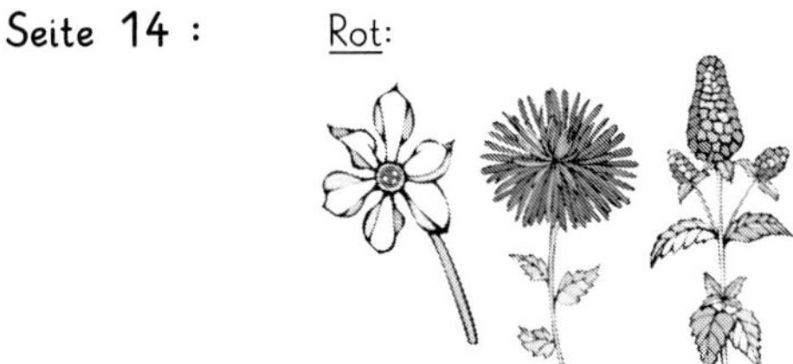

Blau:

Gelb:

Seite 16 :

Zusammengehörende Paare:

Seite 20 :

Seite 23 :

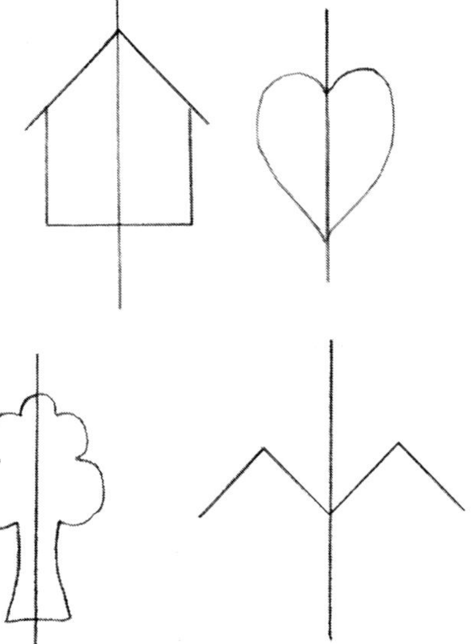

Seite 24 :

Seite 25 :

KOHL VERLAG
MEIN TÄGLICHES KONZENTRATIONSTRAINING
Bis zu 10 Minuten täglich! / 3 bis 6 Jahre – Bestell-Nr. 11 078

6 Die Lösungen

Seite 26 :

Seite 27 :

Seite 28 : Zusammengehörende Paare:

Seite 29 : Zusammengehörende Paare:

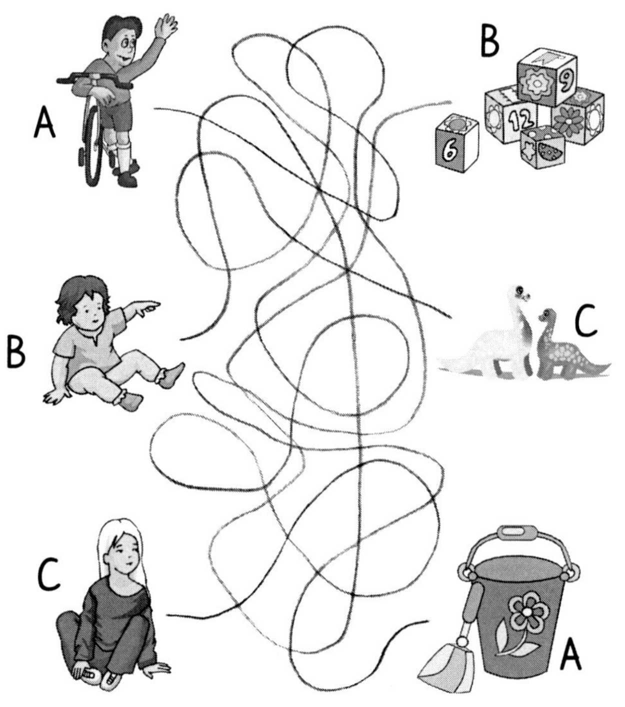

Seite 30 :

MEIN TÄGLICHES KONZENTRATIONSTRAINING
Bis zu 10 Minuten täglich! / 3 bis 6 Jahre – Bestell-Nr. 11 078
KOHL VERLAG

6 Die Lösungen

Seite 31 :

Seite 32 : 1. 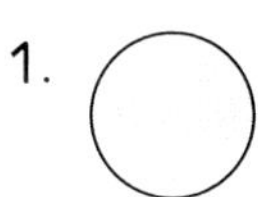 2. 3.  4. 5.

Seite 33 :

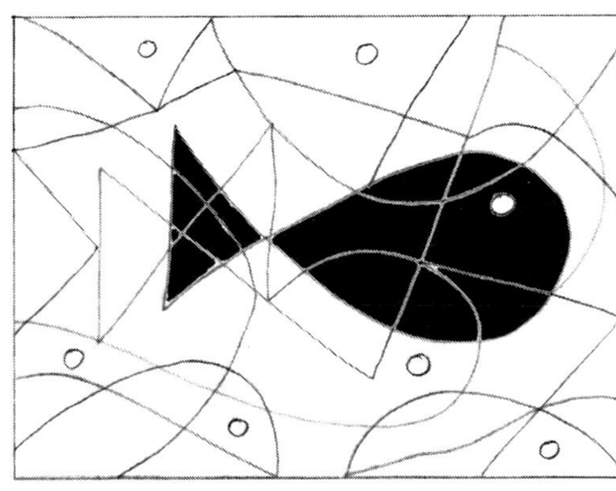

Seite 34 :

Seite 36 : Zusammengehörende Paare:

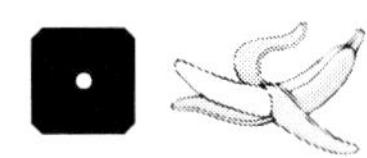 

Seite 37 : Zusammengehörende Paare:

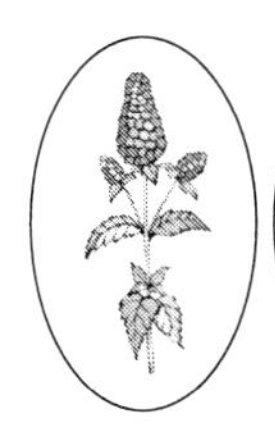 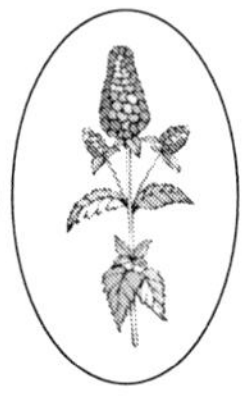 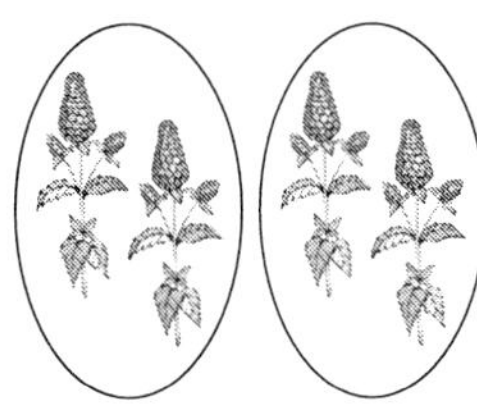 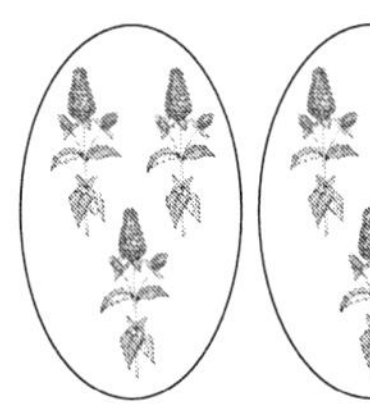 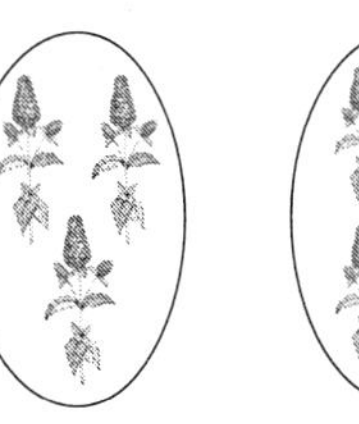 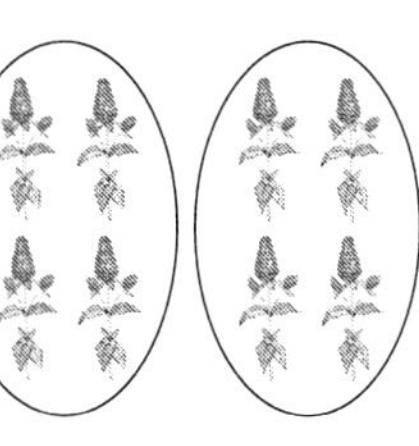

Seite 38 : Zusammengehörende Paare:

6 Die Lösungen

Seite 39 : Zusammengehörende Paare:

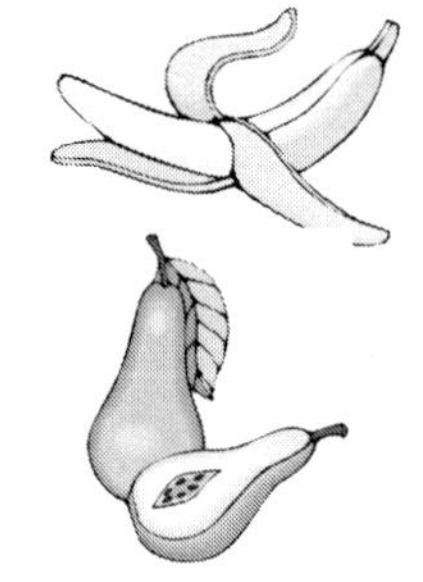

Seite 42 : Zusammengehörende Paare:

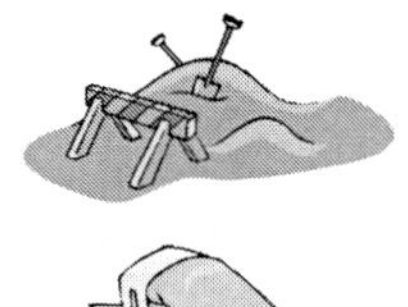
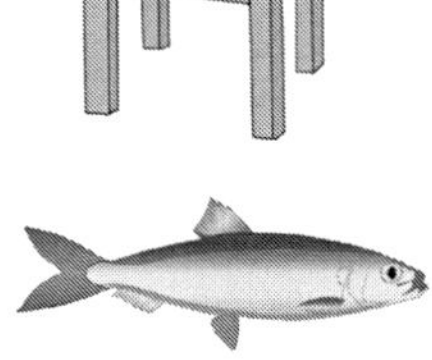

Seite 43 :

1. ~~hell~~ = dunkel
2. ~~kalt~~ = warm
3. ~~schön~~ = erschreckend
4. ~~Ohren~~ = Augen
5. ~~grün~~ = schwarz
6. ~~Schule~~ = Bett
7. ~~ängstlich~~ = besser / wohl
8. ~~kratzt~~ = streichelt
9. ~~Guten Morgen~~ = Gute Nacht
10. ~~Plantschbecken~~ = Bett
11. ~~aufgewacht~~ = eingeschlafen